Aline Maria Simões De Coster

Neurociências e Psicanálise:
revisão de narrativas na interlocução

Rio de Janeiro

9781798230732

Sumário

Capítulo I

I. Histórico

A constituição de narrativas vinculando cérebro e produção de subjetividade legitima discursos nos quais a experiência subjetiva é entendida e explicada pela atividade neuronal. Em diferentes épocas, a natureza e o funcionamento do cérebro humano são pensados cientificamente por de vários campos de saber.

O estabelecimento de relações entre cérebro e comportamento são descritas em papiros do Antigo Egito (1700AC), havendo indícios de crânios submetidos a trepanação (2500AC)[1], e tem permeado estudos e práticas de diversas formas desde então. Na Antiguidade, de Hipócrates a Galeano, o cérebro é considerado órgão referente à inteligência e as sensações. Em meados do século XVII, o sistema nervoso já havia sido completamente dissecado, e sua anatomia grosseira descrita em detalhes. No século XVIII o encéfalo era compreendido como uma máquina que seguia as leis da natureza. No século XIX, com a premência do Positivismo, foram realizadas inúmeras pesquisa científicas com o cérebro. Verificou-se maiores avanços nos estudos acerca do sistema nervoso pela frenologia (Gall, 1850), pelo localizacionismo correlacionando lesão–área–função (Broca, 1824-1880; Harlow, 1868; Wernicke, 1874; Broadmann, 1909)[2], e pelo evolucionismo proposto na Teoria da Seleção Natural (1854)[3]. No século XX, o neurônio é reconhecido como unidade funcional básica (Ramón y Cajál, 1889; Alzheimer, 1906) responsável por decodificar sensações, percepções, ações e funções superiores[9], há as primeiras técnicas de exames por imagens (Berger, 1924;

Holmes, 1919; Erspamer, 1934; Moniz, 1934; Milner, 1953; Gibson, 1977)[1], a descrição da plasticidade sináptica (Hebb, 1949), a constituição dos mapas detalhados das funções cerebrais humanas e das sensações (Penfield, 1950; Rasmussen, 1950)[4], a distinção de partes cerebrais associadas ao processamento de emoções (Damásio, 1995; Le Doux, 2001)[5-6], achados sobre os neurônios espelho (Rizzolatti, 1992) e os estudos precursores da neurogênese humana (Gold, 1997). Com as experiências com o cérebro partido (Sperry, 1981; Wolcott, 1981), concluiu-se que os hemisférios poderiam abrigar pensamentos e intenções diferentes. Libet (1983), ao estudar as decisões conscientes, demonstra que estas são apenas o reconhecimento do que o cérebro inconsciente já vinha operando e sugere, por meio de tais experimentos, que não temos escolha consciente sobre o que fazemos e, portanto, o livre arbítrio inexistiria. Com tais pesquisas dá-se início aos questionamentos sobre se a pessoa tem um único "eu".

A neurociência surge com a pretensão de localizar o ponto de existência específico à consciência no cérebro, e neste percurso passa a ter como níveis de análise a cognição e comportamento (neurociência cognitiva), os sistemas e os circuitos (neurociências dos sistemas), as sinapses e os neurônios (neurociência celular), os genes e as moléculas (neurociência molecular). Adentramos o século XXI com produção de conhecimento em Neurociências por três vertentes: o localizacionismo estrito (relação pontual entre lesão e área cerebral), o holismo (organicidade entre padrões de desempenho cognitivo e variadas lesões cerebrais) e o localizacionismo associacionista (integração entre os circuitos cerebrais e os módulos cognitivos)[2]. Na concepção globalista/ conexionista[4], a neurociência moderna apresenta como pilares conceituais a neuroplasticidade e a epigenética, ambos considerando a expressão de fatores genéticos, ambientais, culturais e geracionais correlacionáveis com a conectividade cerebral[7]. Estudos sobre conectividade estrutural, funcional e efetiva de regiões cerebrais tem proposto a existência de integração entre áreas com funções complexas[4]. Diferentes especialidades dialogam com os saberes da Neurociência afirmando que o homem contemporâneo coloca-se no mundo por meio dos processos resultantes da interação de estruturas físicas do sistema nervoso, de estruturas psicológicas (a mente e a percepção) e de estruturas cognitivas recrutadas na integração entre mente e cérebro[8].

A mente é produto de substratos fisiológicos, do cérebro e do sistema nervoso como dispositivos de manifestação da verdade e da subjetividade. Há três proposições sobre a natureza da mente com teses distintas: dualista (distinção entre mente e corpo), monista (identidade entre mente e corpo) e epinofenomenalista (subserveniência da mente sobre o corpo)[9]. René Descartes, como dualista, propõe a distinção entre espírito e matéria unificáveis no corpo humano pela glândula pineal como centro de enlace entre representações e impressões[4]. De toda forma, a realidade permanece cindida em dois mundos. B.F. Skinner, como monista, pensa os processos psíquicos, sob perspectiva científica, como processos cognitivos. No epifenomenalismo há predominantemente o corpo dando possibilidade de existência a mente, estando desprovido de qualquer causalidade. Na atualidade, refuta-se o dualismo apesar de se reconhecer a existência de substâncias não físicas que corresponderiam a natureza da mente[4]. O constructo *mente* tem sido muito utilizado para descrever as funções humanas superiores relacionadas, mais especificamente, com comportamento e cognição (compreendendo o comportamento como sendo composto pelas múltiplas inteligências, pelo comportamento em si e pela emoção). E, a cognição como a atividade mental multidimensionalmente conformada por aspectos físicos, biológicos, psicológicos, cerebrais, mentais, culturais e sociais[10] consequente a módulos evolutivamente criados para constituir as representações mentais e garantir a sobrevivência humana integrando recepção de informação, integração de conhecimento e execução motora e sensorial. Tais módulos são, também, nomeados como funções mentais superiores. O constructo mente surge do reconhecimento da complexidade na integração entre sensação e ação, resultando na multiplicidade opções de manejo clínico.

Apesar da ciência de que o conhecimento cognitivo tem caráter multidimensional[10], vivenciamos na contemporaneidade um acirrado processo de biologização da mente, do comportamento e da subjetividade. A subjetividade seria um dos campos de forças e de constituição de saberes. Com a centralidade da necessidade de mostrar eficiência e de eficácia, as teorias da subjetividade foram perdendo lugar para a neurociência. A ideia de sujeito cerebral passa a ser um dos conceitos utilizados na "aparição de práticas de si cerebrais, isto é, em práticas de como agir sobre o cérebro para maximizar a sua performance, e que levem a formação de novas formas de sociabilidade"[11-12]. O cérebro é a matriz explicativa pós-moderna para variados fenômenos primando pela generalização e pulverização da figura do sujeito cerebral[14]. O sujeito psicológico, na perspectiva clássica, é absoluto e cerebral. Neste contexto, o psiquismo está subordinado ao biológico, residindo no cérebro e dando concretude localizacionista a essência do ser humano por meio das informações genéticas e neurais. A organização da neurociência, como biopolítica molecular, constitui um modo de produção de subjetividade. Assim, "os processos de subjetivação seriam justamente as práticas nas quais o sujeito emerge como efeito de uma constituição histórica"[14] e as teorias da subjetividade comporiam a clínica da interioridade e da exterioridade passível de integração com a neurociência.

II. Introdução

A centralidade do discurso do cérebro na contemporaneidade prima para que o ser humano seja, enquanto objeto de estudo, composto pela coexistência do espaço interior e exterior manifestando verdades vinculadas com a neurocultura. O cérebro vem sendo empoderado como dispositivo de biopoder[16] e marcador das políticas de subjetivação [5,17,18]. A neurocultura vem produzindo "uma nova existência, uma rede de significações e sentido, de maneiras de se comportar, de pensar e de governar o ser humano e o mundo"[14, p.40].

A Neurociência Cognitiva tem sido o campo acadêmico responsável por investigar os substratos biológicos subjacentes à cognição – a correlação entre processos mentais e substratos neurais. Busca-se estabelecer a base biológica da cognição, ou seja, o processo pelo qual um organismo adquire, elabora e transmite conhecimento. Análises do funcionamento cerebral tem afirmado o enlace dos processos cognitivos e emocionais [5,13]. Existe relação entre mente e produção de subjetividade já que é comprovável a relação entre o que cada sujeito é, como compreende a si mesmo e o mundo ao seu redor, e como se comporta (afeto e ação produzidas) a cada momento. Como o sistema nervoso seria capaz de produzir tal comportamento humano? A subjetividade é construída por processo em que estão envolvidos sistemas biológicos (sistema nervoso, sistema motor e os órgãos do sentido) e sistemas psíquicos (percepção e afetos). A combinação de tais sistemas interage com a realidade interna e externa compondo ações individuais/grupais e resulta em interação social[8]. Estudos de Vygotsky (1978), Leontiev (1981) e Luria (1980) são pioneiros em destacar que as ações do homem sobre o mundo externo são precedidas por representações mentais[10]. O ser humano está permanentemente sujeito a captação, pelo organismo, de estímulos diversos formadores de seu mapa cognitivo e possibilitando a integração dos processos mentais (pensamento, memória, linguagem, emoção, sensação, percepção, motivação, aprendizagem, atenção, cognição) complexificadores da realidade[8].

O debate entre cérebro e comportamento, no século XX, é protagonizado por Alexander R. Luria (1966, 1973) na intenção de compreender as bases biológicas do funcionamento psicológico[19]. Por meio da abordagem histórico-cultural, afinada com o localizacionismo associacionista, Luria destaca os conceitos de 'neuroplasticidade' e 'funções mentais superiores' como norteadores do desenvolvimento pessoal[19]. Nesta abordagem sistêmica, integra-se neuropsicologia e neurologia cognitiva, postulando que diferentes conjuntos de operações são recrutados a cada atividade mental superior assim como a plasticidade do sistema funcional nos possibilita a adquirir novas habilidades[20]. A cognição e o comportamento, executados a partir da maturação cerebral (crescimento) e do desenvolvimento, resultam da interação de três unidades cerebrais funcionais complexas: unidade de atenção, a unidade de codificação e processamento das informações e a unidade de planificação da atividade cerebral e organização do comportamento[8]. O crescimento e o desenvolvimento cognitivo humano, baseado na organização de sensações, fornece ao cérebro informações extra-somáticas, resultando em motricidade complexa e adaptável[9]. A estrutura cerebral resulta de combinação genética e ambiental, é plástica e mutável na interação com fatores social, culturais, psicológicos, emocionais e fisiológicos[6]. Sendo as unidades funcionais localizáveis em diferentes estratos neurais e os vínculos funcionais entre regiões cerebrais construídos historicamente[4], as faculdades humanas não podem ser compreendidas de forma isolada.

A neurociência emerge como produto da fusão entre o social, o cerebral e o mental.Na perspectiva clínica pluralista, o cérebro atua como agente social[21]e as dimensões humanas – cognição, comportamento observável e emoção –, cindidas pela modernidade podem fundir-se as neurociências para potencializar o humano.

As práticas de manejo da subjetividade são passíveis de serem pensadas como constitutivas da Psicologia, enquanto ciência, e demarcam, sócio-historicamente, enunciados referentes à mente, ao corpo e ao existir. A subjetividade seria, um dos campos de forças e de constituição de saberes, agenciável pelas políticas de biopoder[18]. Produzindo, reproduzindo, sendo produzida e sendo reproduzida. Neste processo, a subjetividade é passível de ser desvendada pela integração da neurociência com as teorias psicológicas da subjetividade. Sendo assim, são necessários alguns questionamentos: onde o cérebro se torna sujeito, o sujeito se torna ausente? Seria possível a convergência de narrativas neurocientíficas e de produção capitalística de subjetividade?

Partindo de tais premissas, o presente estudo tem se propõe a refletir sobre a relação sujeito-cérebro por meio do estudo de narrativas científicas dos últimos dez anos apropriando-se epistemologicamente da Ontologia do Presente[16]ao propor a crítica de nós mesmos simultânea a análise histórica dos limites que nossão colocados, nos quais nos colocamos e sua ultrapassagem possível.

III. Metodologia

Serão utilizadas as bases de dados Scielo, PubMed, Lilacs, Bireme e portal CAPES, por método integrado, descritores em todos os índices e com publicações dos últimos dez anos. Os descritores, para esta revisão de narrativa,serão neurociência e subjetividade.

Área de Concentração: Neurociências, Psicanálise, Psicologia Social.

IV. Justificativa

O caráter aberto, múltiplo, autônomo, inacabado, mutável e independente caracterizam o sujeito contemporâneo. Ao mesmo tempo em que a condição de existência neurofisiológica, neuroanatômica e bioquímica da espécie humana está intrinsecamente relacionada com as contingências históricas e orgânicas da espécie.

A constituição de conexões e de implicações com a multiplicidade é uma demanda atual: novos modos de agenciamento do cérebro coexistem com novos modos de produção de subjetividades. Sendo assim, a problematização de tais contingências ressoa na prática clínica de modo que se faz necessário estender a experiência subjetiva para além do discurso de produção de subjetividade. E, neste contexto, certamente, a análise das narrativas constituídas pela interseção entre Neurociências e Teorias da Subjetividade fornecerá argumentos epistemológicos que legitimem reflexões acerca da neurocultura como discurso de biopoder no contexto da governabilidade neoliberal.

Agimos pela representação do que temos como padrão de representação, de processos cognitivos e de experiências. A centralidade do discurso do cérebro (o neurodiscurso), na contemporaneidade, torna necessário compreender a constituição de narrativas fundamentadas na vinculação entre neurocultura e produção de subjetividade. Este estudo será constituído por reflexões sobre a relação sujeito-cérebro, presentes em artigos científicos publicados dos últimos dez anos, de modo a refletir sobre as contingências que criam e naturalizam determinados objetos engendrando regimes de verdades em detrimento aos modos plurais de existência.Desta maneira, o presente estudo se propõe a investigar se é possível interlocução entre a Neurociência e a Psicanálise, e, havendo relato de tais relações, quais seriam estas.

V. Objetivo

Objetivo Geral

- Analisar as narrativas constituídas pela interseção entre Neurociências e Teorias da Subjetividade como campos convergentes no agenciamento do cérebro.

Objetivo Específico

- Apresentar argumentos epistemológicos de interseção entre a Neurociência e as Teorias da Subjetividade através de uma revisão de narrativas dos últimos dez anos;

- Discorrer sobre a correlação entre modos de agenciamento do cérebro coexistindo com novos modos de produção de subjetividades;

-Identificar interlocuções entre a Neurociência e a Psicologia Social;

-Identificar interlocuções entre a Neurociência e a Psicanálise;

VI. Hipótese

A interlocução entre Neurociência e Teorias de Subjetividade, comprovam que novos modos de agenciamento do cérebro são passíveis de coexistir com novos modos de produção de subjetividades, materializando a possibilidade de resistência no âmbito em que os regimes de verdade darão lugar a dialógica dos modos plurais de existência.

Capítulo II

"O anômico de hoje é o canônico de amanhã".

(Boechat; Portugal, 2010)

I. Sujeito

O ser humano pode ser definido como resultado da interação entre forças sociais, políticas, econômicas e culturais, bem como de práticas e saberes provenientes de conflitos e contradições inerentes ao existir. As produções de Michel Foucault, Nobert Elias e de Jean-Marie Robine pontuam o conceito de Indivíduo como central para as ciências humanas contemporâneas. Ao existir o sujeito é convocado a se arrancar da própria inércia como condição de ser.

O constructo Indivíduo[22] denota o existir singularmente em isolamento cuja somatória constitui a sociedade e suas desestruturas. Os repertórios de padrões sociais se desenvolvem e são autorregulados pelo próprio indivíduo dando especificidades geracionais a sociedade. Sendo assim, a sociedade existe porque as pessoas funcionam isoladamente, conformando o que se compreende como Indivíduo, cooperando com estruturas individuais e sócio históricas. A ordem social, condição de existência, é o conjunto harmonizador entre necessidades e inclinações pessoais, em nome da eficiência e da eficácia social, à medida que favorece determinados segmentos sociais.

A dicotomia indivíduo-sociedade se faz presente quando existem liberdades individuais que estruturam-se na relação entre pessoas que determinam as funções sociais – papéis e cargos –a serem desempenhadas no grupo ou para ele, ou seja, em sociedade. Pensando tal relação como singular, a atividade individual de *uns* será a limitação social de *outros*[22]. O que produz vida, sentido, sociabilidade e espaços coletivos de convivência e produção é o corpo social, produto destas interações.

A modernidade, de acordo com Robine[23], está diretamente associada com a primazia "da razão e da ciência, dos direitos humanos, junto com os princípios de igualdade e de liberdade".

Para Foucault o 'cuidado de si' é considerado o primeiro instante de despertar do homem para a própria existência, em que há "uma certa maneira de se estar atento ao que se pensa e ao que se passa no pensamento"[24a]. Ao mesmo tempo, existe aquilo para o qual toda representação pode ser dada e que se diferencia da própria representação.

A representação do objeto, para Kant[25], de conhecimento não é o objeto em si. Pelo trabalho em si o homem se transforma, "trabalho em si para consigo, elaboração de si para consigo, transformação progressiva de si para consigo em que se é o próprio responsável por um longo labor [...]"[24b].No movimento de decompor-se e recompor-se, o homem se constitui e é constituído pelo mundo em que vive; dando sentido ao que experiência por meio do discurso.

Foucault[24, 26,27,28], ao longo de suas reflexões, se apropria da centralidade do conceito de indivíduo para problematizar o poder de saber, o poder de disciplinar, o poder de ser, a subjetividade e a militância, constitutivos da psiquiatria asilar e do novo projeto de psiquiatria. O autor, em *Os Anormais*[27], metaforiza, com intenção crítica, os mecanismos do poder médico, as tentativas de normalização do indivíduo e de intervenção no meio social pela internação em instituições psiquiátricas. Foucault produz inúmeras outras críticas acerca do discurso hegemônico de biopoder.

Denett[29] aborda a *noção de eu* a partir da ruptura da subjetividade e do psiquismo com a natureza ou com o organismo. Esta ruptura induziria a inserção da subjetividade na ordem dos processos biológicos e na conformação do *eu biológico*. Por tal viés podemos afirmar que o *eu biológico* seria decomposto pelo que é dado do ambiente ao sujeito (a subjetividade) e não pelo a interação do sujeito com o meio e com o organismo (o psiquismo).Em contraposição a Denett, Damásio[29] e Andrieu[29]marcam a indissociabilidade entre cérebro e corpo. Ambos postulam que as bases neurais do eu, no contexto da mente,são resultantes das interações cérebro-corpo. Andrieu[29] ... Damásio[29] afirma que os fenômenos mentais resultam da interação corpo, mundo, mente, cérebro; não havendo separação plausível.

As interações cérebro-corpo resultam da dinâmica das bases neurais do eu[29]. O eu, como estado biológico, estaria em constante reconstituição e conferindo percepções à nossa experiência subjetiva junto a outros dispositivos corporais e cerebrais sincronizados. As instâncias mente, corpo e subjetividade fundem-se para compor o que Damásio[29] compreender ser o cérebro humano. A topologia constituída por Damásio[29] seria constituída por cinco instâncias: self autobiográfico (a sistematização de recordações representa o eu e constituem a noção de identidade), self central (representações primordiais do indivíduo advém da interação com o meio externo e compõem a memória do ·próprio corpo), consciência central (fenômeno biológico de percepção do momento e lugar vividos), consciência autobiográfica (sentido do self por meio da individualização de personalidade e identidade de cada pessoa), metaeu (dispositivo neural que pode produzir subjetividade) e estado do self (conjunção das bases anteriores).

Neste sentido, para Foucault[30]o constructo sujeito pode ser pensado como categoria historicizada com ênfase na subjetivação e nas tecnologias de constituição de si mas não se restringe a tais aspectos epistemológicos. Os critérios de eficiência e de eficácia, próprios ao autogoverno de si, apagam a dimensão da narrativa e da subjetividade dos sujeitos.

Vivenciamos a primazia de teorias em que há definições estruturais para a eficiência e para eficácia do cuidado de si mesmo. Por eficácia compreende-se a mensuração da capacidade de fazer o sujeito retornar à normalidade e adequar seu desempenho em função do que é requerido externamente. E, por eficiência compreende-se a avaliação do desempenho das funções sociais impregnados por uma dada visão ideológica[31]. Neste contexto, a eficiência e a eficácia da prática e da teoria em Neurociência, pulverizada nocapitalismo, é determinada pelas leis do mercado neoliberal.

II. Subjetividade

No contexto da governabilidade capitalista contemporânea as demandas do sujeito estarão imersas em conformações neoliberais. O sujeito é o gestor dos próprios riscos e deve se adaptar e aprimorar as próprias competências e habilidades por meio das tecnologias de autogoverno em que cada indivíduo monitora e controla a si mesmo[12].

A subjetividade é composta pelo conjunto de potências da cultura que produz o sujeito, seus desejos e necessidades. É a resultante de processos orgânicos e mentais que dialogam com os produtos da história e do símbolo[32]. As formas de subjetivação[11] são estabelecidas pelas relações consigo e com os outros sujeitos.

A dinâmica da Microfísica do Poder, de acordo com Foucault[33] pressupõe a pulverização de determinadas formas de pensar de modo a naturaliza-las pela efetivação em diferentes pontos e direções de modo difuso. Os pressupostos neurocientíficos tem sido objeto contemporâneo de tal pulverização por adequarem-se a estrutura de governabilidade neoliberal.

No império do discurso científico positivista, o cérebro assume o protagonismo como estrutura mínima que define o sujeito em identidade e essência. Os estudos neurocientíficos, sob a égide dos discursos positivistas e neoliberais, tem fundamentado a alocação do cérebro como protagonista social, como órgão que responde ao que outrora atribuíamos a pessoa, ao indivíduo e ao sujeito.

A midiatização das Neurociências tem produzido neurodiscursos retroalimentados pelo imaginário do todo-saber[32] como mecanismo ideológico de apagamento das condições de produção em neurociências. O progresso deste campo de saber manipulado pela midiatização produz no imaginário social a percepção de cérebro como detentor das propriedades do existir[12]. Achados importantes são conformados na imediatização de respostas supostamente eficientes e de eficácia cientificamente legitimada.

As formas de subjetivação são estabelecidas pelas relações do sujeito consigo e com os outros. A visão reducionista da vida subjetiva e relacional está implicada com o saber neurocientífico para formatar o sujeito como exclusivamente cerebral. O sujeito cerebral é submetido e se submete as práticas de autogoverno. Avaliado e diagnosticado como destoando padrão, opta-se por estratégias de reabilitação. A reabilitação é apresentada como forma de cuidado de si objetivando a compensação e conformação no padrão. Logo, em função das demandas derivadas das práticas de autogoverno, emergemas práticas cerebrais de si - nomeadas por Ortega (2009) como neuroasceses.

As neuroascese tem sido cada vez mais capitalizadas de modo que discursos e práticas referentes a modos de agir sobre o cérebro maximizem a performance do sujeito. Produz-se ferramentas de constituição e aperfeiçoamento do sujeito cerebral a partir de necessidade criada de aprimoramento das próprias habilidades e capacidades em função das demandas do mercado neoliberal.O governo de si mesmo produz mecanismos de assujeitamento (neuroasceses) e possibilidades de resistência (contraposições a estratégias de reabilitação).

III. Cultura somática: mecanismo de assujeitamento

O mal-estar contemporâneo tem estado cada vez mais submetido a explicações biológicas em igualproporção a proliferação de publicações apresentando as funções fisiológicas do cérebro como protagonistas de todas as facetas da vida humana[34]. Com a primazia da biossociabilidade propõem-se a instauração da cultura somática.

Contemporaneamente, a qualidade de vida é quantificada pela singularidade da variedade de experiências a que o sujeito se submete. Sendo assim, de acordo com Fonagu (1999)[31], há indícios significativos de que o mal-estar vem sendo quantificado e engendrado de forma reducionista.

No contexto de formação de modalidades de subjetividade somática ocorre a ascensão de pesquisas neurocientíficas de imageamento do cérebro para estudo do comportamento humano[30]. No entanto, algumas questões endereçadas ao neuroimageamento estão além do que é possível responder, tal como a dinâmica do juízo moral, por exemplo. Há causas somáticas para o comportamento assim como há limites para os argumentos fisicalistas. Os achados de aporte linguístico, social e histórico compõem formação e transformação frente a apropriações reducionistas e imediatista de achados neurocientíficos midiatizados de forma reducionista[34].

A ciência médica moderna oferece sentido ao indivíduo moderno por meio da utopia da saúde perfeita. A cultura somática pressupõe ancoragem corporal, ou seja, prioriza-se a constituição individualizante do sujeito. Os desejos e condutas são moduláveis fisiologicamente por ação da química cerebral. As tristezas e agruras são consequentes a desequilíbrios químicos.

No paradigma da crença do controle de danos ao corpo e de otimização corporal, o código genético vem sendo referenciado como descritor da fonte da juventude. Assim como a personalidade, a capacidade, as paixões e forças são explicáveis em termos cerebrais e genéticos.

As medidas neuroeducativas, como epifenômeno constituidor do sujeito cerebral, propõe o aprimoramento cognitivo pelo autogoverno de si.Consequente ao movimento de classificar, hierarquizar e normalizar indivíduos emergem as neuroidentidades[12], produzidas no contexto da cultura somática. Por meio das formas de subjetivação corporais, com sobreposições internalistas, na construção de si dá-se a conformação do sujeito cerebral.

IV. Sujeito Cerebral

Os séculos XVIII e XIX, imersos em ideais de consumação da promoção da higiene mental, engendram modelos para educar psicologicamente a população com a finalidade de universalizar traços subjetivos e emocionais, estabelecer modelos dominantes com base em normas psicológicas e padrões sociais culturalmente estabelecidos[35]. Impulsiona-se o processo de transdução das sensações psíquicas em sintomas psicopatológicos. A lógica psiquiátrica é organicista, as características externas passam a ser os referenciais da normatizaçãodos sujeitos.

O imaginário social do século XIX (cultivo da privacidade dos sentimentos e resguardo da exposição do corpo) dá lugar a novos padrões de subjetivação, próprios ao século XXI, cuja a identidade e a sociabilidade passam a estar baseadas em critérios corporais e na exposição da identidade.A sociedade industrial sob a égide da cultura da intimidade é sócio historicamente imersa na cultura somática. O núcleo familiar passa a ser o refúgio do indivíduo e território apartado de perigo. A vida burguesa tem como características destacáveis: o cultivo da personalidade pela aparência, a mistificação da vida material, desvalor a vida pública e supervaloração da vida privada de forma a concentrar atenção em conflitos íntimos e a privilegiar aspectos individuais.

No fluxo de ressignificação do público e do privado, o século XXI é marcado por múltiplas formas de a intimidade se voltar para o mundo exterior ao sujeito de modo a possibilitar-lhe formas de reconhecimento[30]. Neste contexto, as Neurociências tem proposto narrativas da mente a partir de achados biológicos: biologia das emoções, da identidade pessoal, da subjetividade humana e da identidade biológica[29].

Na égide da cultura somática, modificações nas formas subjetivas, explicações sobre transtornos mentais, comportamento e ações humanas passam pelo crivo argumentativo da Neurociência. Com a propagação dos exames de imagem cerebral a Psicologia passa a ser confrontada com a biologização da mente, ou seja, métodos biotecnológicos no estudo das funções psicológicas[30]. No entanto, é irrefutável que a narrativa do paciente agencia sua vivência e que a dimensão da narrativa não está nas sumulas psicopatológicas. A história do doente que se encontra restrita a história da doença põe em cena um sujeito cerebral como um produto passivo de um *eu neuroquímico*.

O *eu neuroquímico*, de acordo com Rose (2007)[33] pressupõe que a subjetividade constitui-se a partir da dinâmica neural, do cérebro e de seus aspectos neuroquímicos externalizáveis nos processos mentais superiores. Na cerebralização dos comportamentos, o cérebro é definidor da identidade saudável ou doente, determina o que somos por meio de atributos do SNC e constitui-se como órgão exclusivo na formação dos modos de subjetivação. E, sob o rigor dos diagnósticos neuroreferenciados, o paciente ocupa o lugar da doença.

O paradigma do sujeito cerebral[21,11,12,35,33] pressupõe o cérebro como causa de determinado fenômeno ou como condição para que o fenômeno aconteça. O *eu*, no viés neurocientífico, é constituído pelo posicionamento do sujeito como resultante dos processos neurobiológicos. O cérebro é órgão de comando do corpo, dos atos psicológicos e sociais, ou seja, a estrutura mínima que define o sujeito em identidade e essência e marcador dos processos de subjetividade, segundo Rose (2007)[33].

Em contraposição, os constructos psicanalíticos, por função, permitem abertura para a originalidade do fato subjetivo. A verdade construída em análise, a realidade psíquica, é ancorada no corpo pulsional pouco palpável e sujeito a mudanças. Por consequência, o retrato da subjetividade no cérebro não encapsulados em imagens congeladas de um corpo em condições experimentais. Pensar o estado psíquico, sob a égide psicanalítica, pressupõe que se transcenda a noção de sujeito representado isoladamente pelo cérebro como órgão central. O aparato psíquico é intersubjetivo e mesmo os neurobiólogos reconhecem indissociabilidade entre aspectos biopsicossociais do ser humano[34]. Por mais que se descubra o funcionamento neurológico das emoções, elas não se reduzem a apreensão de imagens de mecanismo cortical. A dinâmica do afeto pressupõe que o inusitado esteja em cena e que exista a interação espontânea com o meio externo para depreender sentido[34].

Boechat e Portugal[36] apontam a existência de mudanças estruturais na Psicologia Social: da égide do Construcionismo Social, operando pelo reducionismo linguístico, á Neurociência Social, pelo reducionismo fisicalista. A observação do comportamento vem dando lugar ao imageamento cerebral, como representação neurofisiológica do comportamento. O que decorria da história do sujeito, de seu lugar na família e no social (as três principais instâncias de conformação da subjetividade) era somado a causalidades orgânicas e compunha prognósticos de distúrbios mentais. Contemporaneamente, a subjetividade é expulsa de cena pela concepção cognitivista, associada a neuropsicofarmacologia, e os transtornos tem como prognóstico o paradigma da funcionalidade. A disfuncionalidade do sujeito cerebral vem sendo diagnosticada por meio de uma multiplicidade de categorizações de transtornos de humor, personalidade, de conduta, etc. Vivenciamos a Síndrome de

Hiperalegação Cerebral, de acordo com Morse (1996)[34] ao nos apropriarmos do neurodiscurso, auto normatizamo-nos e categorizamos todo desvio como anormalidade.

O sociólogo Ehrenberg(2004)[36] destaca três âmbitos de preocupação para a Neurociência reducionista: o teórico (cérebro como protagonista), o prático (o ato terapêutico provocado pelo ato teórico fundando o discurso psicossociológico) e o social (cérebro como única explicação para o comportamento social). A Neurociência materialista reducionista, de acordo com Bezerra (2000)[34] faz uso da subordinação de aspectos mentais a processos estritamente biológicos como metodologia negligenciando que o cérebro por si só não fala, não ouve e nem tem capacidade de discernimento[29].

Há riscos em se pensar o cérebro em si como verdade natural desconsiderando aspectos sócio históricos que compõem as práticas e produções de saberes. Os produtos do reducionismo biológico exemplificam tais riscos: a frenologia e olocalizacionismos, são exemplos de discursos cientificamente engendrados na tentativa de usar as diferenças cerebrais como explicação para condutas e comportamentos que são, ou já foram, considerados desviantes ou indesejáveis. Gaillard (2009)[37] se contrapõe ao reducionismo neurocientífico ao afirmar a consciência como processo de fluxos iônicos distribuídos em várias regiões cerebrais, ou seja, superamos o paradigma localizacionista mas ainda preservamos a unicidade do protagonismo cerebral e o discurso do cérebro como piloto do autogoverno. Há o efeito da palavra no corpo e o fluxo dos neurotransmissores no cérebro[34]. Assim como há ciencia de que o subjetivismo inconsequente é tão prejudicial quanto o reducionismo oriundo do biopoder.

No atavismo do sujeito cerebral, as normatizações passam a se fundamentar na dinâmica fisiológica do sujeito[34]. Perpetuamos o processo de produção de subjetividade apoiado na ideia de funcionalidade e a classificação de todo desvio como anormalidade[35]. A governabilidade neoliberal nos induz a crer que apreender o cérebro e seu funcionamento é indispensável para compreender a nós mesmos.

A apropriação de especificidades da cultura somática nos propõem reflexões não reduzidas ao dualismo ingênuo e tampouco que se cogite a separação entre aspectos orgânicos e subjetivos, ou o cérebro do psiquismo. Há diferentes possibilidade de manifestação da corporeidade humana.

A hierarquização de quaisquer dos saberes arrisca desqualificar o substrato empírico, e a intersubjetividade psíquica, assim com negligencia fatores sociais presentes na origem das atitudes.

A mente apreende e elabora o que fora elaborado em outras instâncias posto que a experiência subjetiva transcende o que postulam os atuais achados neurocientíficos. É necessário manter e empregar a variabilidade de rede conceitual ao lidarmos com situações singulares[37], estabelecendo maior grau de autonomia e normatividade possível.

É de suma importância a ciencia de que a automatização do discurso do cérebro, em relação ao campo social, como postulado universalizante, reducionista e determinista é produto e produz a individualização nas problematizações sociais e comportamentais[33].

V. Os três vieses: a interlocução como possibilidade de resistência

Davidovich e Winograd[38] ao constituir um mapa dos debates entre a Psicanálise e as Neurociências identifica três pressupostos: a hibridação, o isolamento e a interlocução.

A **hibridação** pressupõe a necessidade de constituir campo híbridos em queo modelo biológico fundamentaria as proposições biológicas. A Neurociência prepondera como regime de verdade e forneceria a Psicanálise fundamentos, instrumentos e metodologia para solidificar a conceituação do funcionamento psíquico. Funda-se a Neuropsicanálise na qual a Neurociência Cognitiva reescreve a metapsicologia em base científica pela proposta de introdução da técnica de associação livre no método neuropsicológico de Luria: qualificação dos sintomas e análise da síndrome[38].

No contexto da hibridação, temos autores como Mark Solms e Eric Kandel. Mark Solms[34] problematiza o resgate do discurso neural, inaugurado no Projeto (Freud, 1895) pela Psicanálise, com a finalidade de questionar a possibilidade de acomodar a natureza dinâmica e virtual dos processos mentais no método neurocientífico[38].

Eric Kandel (1999)[34] propõe uma conjunção de saberes entre os que pressupõe o trabalho com a palavra e a escuta, tal como a Psicanálise, como possibilidade de não enrijecer as práticas adaptacionistas derivadas da Neurociência. A singularidade está na estrutura cerebral de cada indivíduo em particular[39]. Para este autor[29] o cérebro não captura o mundo como uma câmera, mas o codifica em imagens e sensações para então decodificá-lo na mente. No entanto, por ainda não termos uma compreensão satisfatória dos processos mentais superiores, há ainda muitas lacunas na conjunção corpo-cérebro-ambiente. Na busca por minimizar tais lacunas, Kandel (1999, 2005)[29] elenca áreas de possível cooperação entre a Biologia e a Psicanálise: natureza inconsciente dos processos mentais, natureza da causalidade psicológica, causalidade psicológica e psicopatológica, predisposição para doenças mentais, orientação sexual, psicoterapia e as mudanças estruturais no cérebro, dentre outras.

Outros autores que tem produzido a hibridação são Antônio Damásio, Oliver Sacks, Karen Kaplan-Solms, Kernsberg, YusakuSoussumi[38]. No entanto, pode-se constatar que, há subordinação de saberes. E, havendo subordinação de saberes, os modos plurais de existência são inviabilizados.

O **isolamento** pressupõe ser inviável qualquer possibilidade de interlocução já que a Psicanálise tem como objeto aquilo que a ciência exclui: o sujeito historicizavél. As dinâmicas de ambos os campos de saber inviabilizam qualquer interlocução sem que haja subordinação.

Alguns autores lacanianos têm produzido saberes no âmbito do isolamento, tal como Fonagu, Menzan e Prochianz. Fonagu (1999)[31] demarca o cuidado necessário na demarcação de diferenças entre a Psicanálise e a Neurociência como campos não reducionistas do saber. O objeto da Psicanálise, o inconsciente, demanda uma mente corporificada, mas não se confunde com os fenômenos mentais de corpo não homogêneo postulados pela Neurociência.

Menzan (2006)[34] considera a escuta clínica como irredutível ao protocolo experimental. E, infere que a escuta clínica é irredutível ao protocolo experimental, no entanto o acesso ao discurso afetivo dialógico não invalida sua intercessão com o corpo biológico, de acordo com Menzan (2006)[34]. E, ambos se modificam conforme o sentido que lhe é dado.

Prochianz (*in* Roudinesco, 2000, p. 32)[31] afirma a pertinência multifatorial na conformação da personalidade já que os genes não são os únicos a determiná-la nem o cérebro encontra-se submetido restritamente a codificação genética. Assim como o modelo biológico oferece a Psicanálise a reformulação de alguns de seus mitos teóricos, a Psicanálise intima a Neurociência a abordar o psiquismo de modo que a mente não se restrinja a secreção do cérebro[31].

A **interlocução** propõe a não hierarquização de saberes e de metodologias. Instaura-se a dialógica dos modos plurais de existênciapor viabilizar a formulação de novas hipóteses teóricas e a revisão conceitual de postulados psicanalíticos e neurocientíficos. Há recusa ao fisicalismo e a posição reducionista em defesa do pluralismo, reconhecimento da corporeidade na vida psíquica e postura interdisciplinar quanto aos saberes[38]. Na interlocução prioriza-se o diálogo e a manutenção das especificidades.

A construção de diálogos toma a cognição como função de apoio interno para o sujeito permitindo que este integre o espaço psíquico ás representações demundo e de si. Katz (1998)[34] propõe o modelo bidirecional, no qual possibilita-se interlocuções das ciências humanas e sociais com o modelo neurocientífico decorre da associação dos saberes. O humano é pensado em diferentes dimensões coexistentes: biológica, psíquica e social[38].

Donald Winnicott (1960, 1988)[38] propõe a interlocução entre os mecanismos cerebrais, os processos cognitivos e a emergência do inconsciente. O autor descreveu como os distúrbios cognitivos punham o self em perigo, o lugar da cognição na ordem psíquica e o processo de se debruçar clinicamente sobre o dano cognitivo na economia psíquica como efeito da violência das patologias.

Pelo viés da interlocução, percebemos que somos equipados biologicamente para sermos seres sociais[35]. O critério, para tal constituição, não é a interioridade e sim a significação autopsíquica e alopsíquica do mundo. Este acesso ao eu e ao mundo exterior constitui a subjetividade e viabiliza nossa relação com a própria identidade. Este é o contexto de dialógico dos aos regimes de verdade que darão lugar a coexistência aos modos plurais de existência.

Com os argumentos acerca da Interlocução, acima expostos, é viável que se vislumbre a mesma como possibilidade de resistência, ou seja, o âmbito em que os regimes de verdade darão lugar a dialógica dos modos plurais de existência.

Conclusão

Este artigo se propôs a pensar as contingências que criam e naturalizam determinados objetos engendrando regimes de verdades em detrimento aos modos plurais de existência ao propor a crítica de nós mesmos simultânea a análise histórica dos limites que nos são colocados, nos quais nos colocamos e sua ultrapassagem possível.

As Neurociências têm sido caracterizadas como um conjunto de saberes, de matriz multi e interdisciplinar, que se dedicam ao estudo do sistema nervoso central, em especial o cérebro, enfocando, especialmente, suas potencialidades para o estabelecimento de relações, tanto com o interior, quanto com o exterior.

A tarefa de explicar o comportamento em termos das atividades neurais é própria a Neurociência. A partir do momento que somos seres encarnados, corporificados, essa dimensão carnal, biológica, é fundamental também para a realização de funções racionais.Defrontando-se continuamente com algumas questões fundamentais, tais como: a localização das funções mentais e a compreensão das mesmas em termos das propriedades específicas das células nervosas e suas interconexões.

Em contrapartida, embora a Neurociência tenha feito grandes avanços no mapeamento cerebral de determinados processos mentais e no tratamento de diferentes doenças degenerativas, devemos ficar atentos às implicações socioculturais desses avanços para que não levem a visões reducionistas da pessoa e da experiência humana, que possam ter implicações nocivas, por exemplo, nos tribunais, nas seleções de emprego, no tratamento de pessoas consideradas "perigosas", dentre outros momentos.

O surgimento recente de áreas como "neuroeducação", "neurodireito", "neuroeconomia", "neuroteologia" mostra como as neurociênciasestão moldando áreas da sociedade e da cultura muito distantes de seu âmbitobiomédico de origem. Os termos sujeito cerebral, cultura somática e neuroascese apresentam-se em todos os artigos aqui referenciados na busca por interlocuções entre a Psicanálise e a Neurociência. Somos engendrados e nos engendrarmos nas demandas neoliberais.

A individualização dos problemas sociais e do comportamento tem se constituído e sendo constituída como regime de verdade. No entanto, a problematização da fetichização e automatização do cérebro como explicação universalizante, reducionista e determinista tem potencializado a insurgência de modos plurais de existir.

A mente precisa do cérebro para funcionar, o que não quer dizer que os processos mentais sejam reduzidos a correlatos neurais. Tanto o reducionismo biológico quanto o subjetivismo inconsequente são nocivos. Perpetuar a integração da ideia de subjetividade atrelada ao ideário da funcionalidade padroniza modos de ser em contraste com a constituição de padrões de normalidade/ anormalidade. E, insere-se na dinâmica demandada pela governabilidade neoliberal.

Apropriando-nos destes argumentos, devemos nos engajar debates críticos com essas ciências, tentando evitar as visões reducionistas na compreensão da experiência humana. É preciso termos em consideração que o cérebro é nossa estrutura corporal, sem que tal premissa no conduzir unideirecionalmete á visões cientificistas ou simplificadas da experiência humana. Ao mantermos a multidimensionalidade nas produções acadêmicas e no manejo clínico em Neurociência, nos aproximamos dialogicamente da dialética própria aos modos plurais de existência.

Referências Bibliográficas

1.   Camargo, C.H.P.; Bolognani, S.A.P.; Zuccolo, P,F. O Exame Neuropsicológico e os Diferentes Contextos de Aplicação. In: Fuentes, D. (org). Neuropsicologia: teoria e prática. Porto Alegre: Artmed, 2014.

2.   Malloy-Diniz, L.F.; Mattos, P.; Abreu, N.; Fuentes, D. O Exame Neuropsicológico: o que é e para que serve? In: Malloy-Diniz, L.F (org.). In: Neuropsicologia: aplicações clínicas. Porto Alegre: Artmed, 2016.

3.   Darwin, C. [1844]. A Origem das Espécies e a Teoria da Seleção Natural. São Paulo: Madras, 2011.

4.   Mograbi, D.C.; Mograbi, G.J.C.; Landeira-Fernandez, J. Aspectos Históricos do Neuropsicologia e o Problema mente-cérebro. In: Fuentes, D. (org). Neuropsicologia: teoria e prática. Porto Alegre: Artmed, 2014.

5.   Damásio, A.R. O Erro de Descartes: emoção, razão e cérebro humano. São Paulo: Companhia da Letras, 2001.

6.   Le Doux, J. O cérebro Emocional. Rio de Janeiro: Objetiva, 2001.

7.   Muszkat, M.; Miranda, M.C.; Muszkat, D. Neuropsicologia da Adolescência. In: Santos, F.H.; Andrade, V.M.; Bueno, O.F.A. Neuropsicologia Hoje. Porto Alegre: Artmed, 2015.

8.   Santos, F.R.C.; Velasques, B.B. Neurociências: Aprendizagem em Adolescentes sob Medida Socioeducativa. In: Velasques, B.B.; Ribeiro, P. (orgs). Neurociências e Aprendizagem: processos básicos e transtornos. Rio de Janeiro: Rubio, 2014.

9.   Slides de Filosofia da Mente. Especialização em Neurociências aplicadas a Aprendizagem. 2015.

10.   Morin, E. Os Sete Saberes Necessários a Educação do Futuro apud França, E.B.M.M.; Diniz, C. A Influência do Afeto na Aprendizagem. In: Velasques, B.B.; Ribeiro, P. (orgs). Neurociências e Aprendizagem: processos básicos e transtornos. Rio de Janeiro: Rubio, 2014.

11.   Ortega, F. Neurociências, neurocultura e autoajuda cerebral. Interface (Botucatu), Dez 2009, vol.13, no.31, p.247260. ISSN 14143283

12.   Ortega, F. Elementos para uma história da neuroascese. Hist. cienc. Saúde Manguinhos, Set 2009, vol.16, no.3, p.621640. ISSN 01045970

13.   França, E.B.M.M.; Diniz, C. A Influência do Afeto na Aprendizagem. In: Velasques, B.B.; Ribeiro, P. (orgs). Neurociências e Aprendizagem: processos básicos e transtornos. Rio de Janeiro: Rubio, 2014.

14.   Azambuja, Marcos Adegas de. Da Alma para o Corpo e do Corpo para o Cérebro: os rumos da psicologia com as neurociências. Tese de Doutorado. PUC/ RS. Faculdade de Psicologia. Programa de Pós-Graduação em Psicologia, 2012.

15.   Brasil. Conselho Federal de Psicologia. Resolução do Conselho Federal de Psicologia (CFP) 002/2004, art. 30.

16.   Foucault, M. (1979). Nascimiento de la biopolítica. Curso en el Collège de France (1978-1979). Buenos Aires: Fondo de Cultura Económica, 2008.

17.   Birman, Joel. A Psicopatologia na Pós-Modernidade: as alquimias no malestar da atualidade. Rev. latinoam. psicopatol. fundam; 2(1): 3549, mar. 1999. Artigo | Index Psicologia Periódicos técnico científicos | ID: psi9689

18.   Deleuze, G; Guattari, F. Mil Platôs: capitalismo e esquizofrenia. vol. 01. Rio de Janeiro: Editora 34, 1996.

19.   Tomaz, C.; Tavares, M.C.H.; Satler, C.; Garcia, A. Métodos de Estudo da Relação entre Cérebro, Comportamento e Cognição. In: Neuropsicologia: aplicações clínicas. Porto Alegre: Artmed, 2016.

20.   Damasceno, B.P. Questões Teórico-Metodológicas da Pesquisa em Transtornos Cognitivos. In: Santos, F.H.; Andrade, V.M.; Bueno, O.F.A. Neuropsicologia Hoje. Porto Alegre: Artmed, 2015.

21.   Ehrenberg, A. O Sujeito Cerebral. In: Psicologia Clínica, Rio de Janeiro, 21(1), 187-213, 2009.

22.   Elias, Norbert. A Sociedade dos Indivíduos. Rio de Janeiro: Zahar, 1994.

23.   Robine, Jean-Marie. 2005. A Gestalt-terapia Terá a Ousadia de Desenvolver seu Paradigma Pós-Moderno? In: **Estudos e Pesquisas em Psicologia**, Rio de Janeiro: UERJ, ano 5, n°1, 1° semestre de 2005.

24.   Foucault, M. [1981-1982]. A Hermenêutica do Sujeito: curso dado no Collége de France (1981-1982). 3ªed. São Paulo: Martins Fontes, 2014 [p.12]a [p.16]b.

25.   Kant, Immanuel [1781]. **Crítica da Razão Pura**. 8ª ed. Rio de Janeiro: Calouste Gulbenkian, 2013.

26.   Foucault, Michel. As palavras e as coisas. Tradução Salma Tannus Muchail. 9ª ed. São Paulo: Martins Fontes, 2007.

27.   Foucault, Michel. Os Anormais. São Paulo: Martins Fontes, 2010.

28.   Foucault, Michel. A História da Loucura: idade clássica. São Paulo: Perspectiva, 2012.

29.   Silva, S. G. Para uma Neurobiologia do Eu: uma contribuição as teorias da subjetividade. Psicol. soc. (Online); 23(nesp): 3036, 2011.

30.   Zorzanelli, ; Ortega, . Cultura Somática, Neurociências e Subjetividade Contemporânea. Psicol. soc. (Online); 23(nesp): 3036, 2011.

31.   Bastos, L.A. de M. Psicanálise baseada em evidências? Physis, Dez 2002,vol.12, no.2, p.391408.ISSN 01037331, 2002.

32.   Santana, W.A. A Midiatização das (Neuro)ciências: discurso, ideologia, sujeito. 2007.

33.   Zambenedetti, G. A Mídia e o Processo de Pulverização da Figura do Sujeito Cerebral. Rev. Malestarsubj; 12(1/2): 7399, jun. 2012. Artigo em Português | LILACSExpress. ID: lil747905.

34.   Arreguy, M.E. A Leitura das Emoções e o Comportamento Violento Mapeado no Cérebro.Physis, 2010.

35.   Winograd, M. O sujeito das Neurociências. Interface comun. Saúde educ; 13(31): 247260,out.dez 2011.

36.   Boechat, F.M.; Portugal, F.T. Pós-Construcionismo e o Neo-Experimentalismo em Psicologia Social. 2010.

37.   Gama, J.R. de. A Reforma Psiquiátrica e seus Críticos: considerações sobre a noção de doença mental e seus efeitos assistências. Physis (Rio Janeiro); 22(4): 13971417,2012.

38.   Davidovich, M.M.; Winograd M. Psicanálise e Neurociências: um mapa dos debates. 2010.

39.   Frutos, H.G. de. Neurociências e Psicanálise: considerações epistemológicas para uma dialética possível sobre a subjetividade. 2011.

9 781798 230732